yo sé lo que como

# LA LECHE

Françoise Laurent     Nicolas Gouny
Traducción: Ana Herrerías

AMANUENSE®

Líquido muy blanco,
se toma caliente, tibio o frío,
en la merienda o en el desayuno…

Se usa para hacer quesos o postres…

Se agrega a las salsas…

¡Es la leche, por supuesto!

—¿Qué hace ese ternero debajo de su madre?

—¡Está mamando!

—¿Como un bébé?

—Pues sí. Es un mamífero: se alimenta de leche al nacer. Más tarde comerá hierba y heno, será destetado y su madre descansará… ¡hasta la próxima cría!

La ubre de la vaca es una verdadera fábrica sobre cuatro patas. Es allí donde se produce la leche, que sale rápidamente por los pezones cuando el ternero mama o durante el ordeño.

Pero ¡cuidado!, si la vaca está nerviosa, no produce leche y el ordeñador se queda sin nada.

¿Vacas lecheras o productoras de carne? ¡Es fácil diferenciarlas!

Si tienen pocos músculos y una enorme ubre, son lecheras…
Las otras son todo lo contrario.

Hay muchas razas de vacas y cruces de razas en el mundo.
Varias de ellas son buenas productoras de leche.

¿Cuál tiene el récord mundial de producción lechera?

¡La vaca holstein!

la holstein

Hace mucho tiempo, los ganaderos tenían pequeñas manadas
que aumentaban de forma natural: el toro y la vaca se apareaban,
nacía un pequeño becerro y su madre producía leche... Un poco
para el ternero, un poco para el criador.

Había que ordeñar las vacas por la mañana y por la noche: se
colocaba una cubeta bajo la ubre, se lavaban los pezones, se tiraba
de ellos suavemente: uno, después otro y *chic, chac, chic, chac...*
¡la cubeta se llenaba!

En esa época, para comprar leche, las personas se acercaban a la
granja con un recipiente.

Ahora, en los criaderos tecnificados, las vacas no se aparean con los toros. Para que tengan terneros, son inseminadas artificialmente.

El criador selecciona al macho en un catálogo. ¡Un catálogo de toros clasificados en función de sus cualidades y de los mejores genes para la producción de leche!

Aunque parece curioso, no es la vaca sino el toro, el responsable de transmitir a su cría la capacidad de ser buena lechera.

BALTAZAR

GUILLERMO

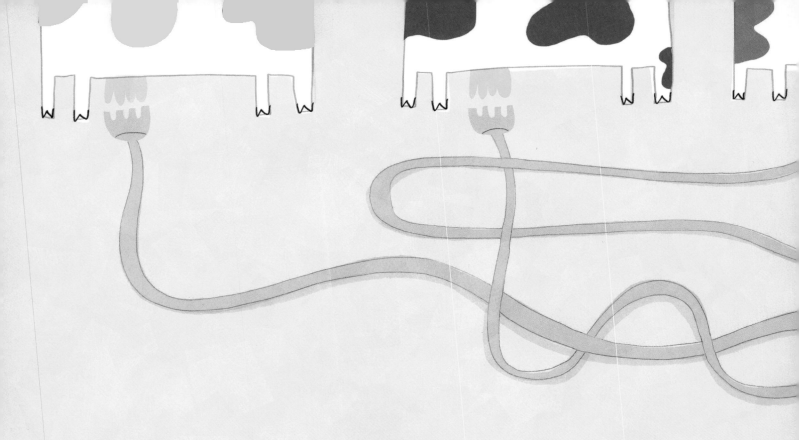

Cruzando machos seleccionados con las hembras más productivas, se han creado nuevas razas que dan enormes cantidades de leche.

¿Y el ordeño? ¡No hay problema!

Desde la invención de la ordeñadora mecánica, ¡se hace en un abrir y cerrar de ojos!: el criador coloca las cuatro copas de succión del aparato alrededor de los pezones, la bomba imita los movimientos del ternero que mama… Y ¡upa!, ya está.

Menos trabajo para los granjeros
y más leche recolectada... ¡Viva el progreso!

Pero, para las vacas... *muuuu* ¡es otra historia!

En la ganadería intensiva se acabaron los verdes
campos donde las vacas pastaban tranquilamente
mientras veían pasar los autos.

Separadas de sus pequeños recién nacidos,
agrupadas en grupos de cien, apretadas unas
contra otras, encerradas todo el año, las vacas
solo comen alimentos industriales.

¡Y tienen mucho tiempo para rumiar su tristeza!

Si una vaca ya no da leche, ¿puede descansar?
¡Para nada!, tiene que gestar un nuevo ternero
para volver a producirla.

Gestación, producción, gestación, producción,
gestación… ¡A ese paso, se agotan rápidamente!
Es el momento en que las llevan al matadero,
como a sus compañeras productoras de carne.

Los pobres terneros, destetados demasiado
temprano, las llaman mugiendo ¡por días!
Es triste la historia de las vacas que lloran.

Afortunadamente, algunas gozan de la «crianza respetuosa».

Pastando al aire libre en verano, abrigadas dentro del establo en invierno, con espacio para cada una, cama de paja, buena comida, vacaciones entre gestaciones y la posibilidad de amamantar a sus terneros. Todo un hotel de lujo donde las vacas son felices.

Del llanto a la risa…

¿Debemos escoger entre la ganadería industrial y la granja familiar? Bueno, como ocurre con las vacas, ¡no todo es blanco y negro!

Algunos criadores han tomado al toro por los cuernos y han resuelto el problema. Para conciliar la rentabilidad con el buen trato a los animales, optan por una escala moderada: producción importante, con condiciones de vida aceptables para sus animales.

Pero volvamos a la leche. ¿Qué pasa con ella?

¡Va a la lechería! donde primero se calienta por15 segundos a 72 °C. Luego *¡brrrrrumm!* gira a toda velocidad en la centrifugadora para lograr el descremado, que separa la leche de la crema.

¿Y si queremos leche entera o semidescremada? ¡Se le vuelve a mezclar la crema!

Finalmente, para que se conserve por más tiempo, se calienta a 140 °C por dos segundos.

¡Listo! Nuestro precioso líquido ya responde a las normas de higiene. Una vez envasado, se llevará a las tiendas.

En algunos lugares, los pequeños productores se organizan en «circuitos cortos»: venden su leche cerca del centro de producción… ¡Es menos costoso y más ecológico!

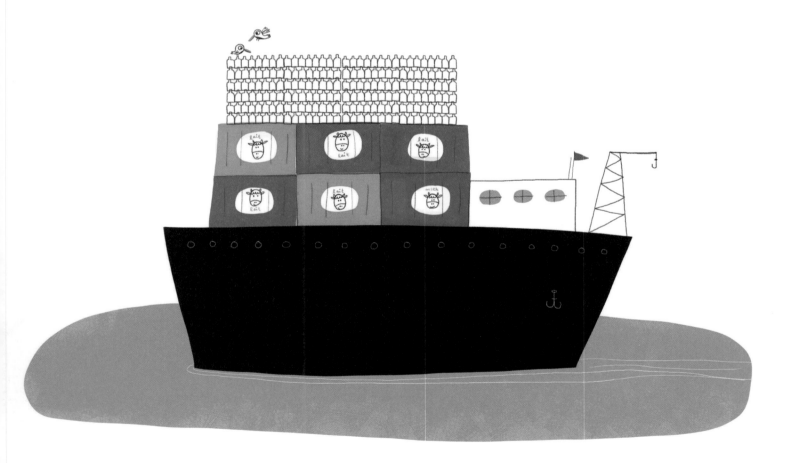

La leche se toma, pero también se puede comer.

Cuando se vierte en una mantequera y se agita con fuerza,
¡se hace mantequilla!

Si se mezcla con fermentos lácticos ¡se hace yogur!

¿Y los postres de leche? Para darle sabor, a la leche
se le agrega azúcar, crema, huevos, gelificantes,
chocolate, vainilla, caramelo o aromas.

¿Cómo se hace un queso?

Cuajado, amasado y escurrido son los pasos a seguir para hacer quesos frescos.

Para los demás, siguen el salado y la maduración.

Leche de vaca, leche de vaca… ¿hay otra más?

Leche de cabra o de oveja,
con las que se hacen quesos deliciosos,
… de camello en África,
… de llama en los Andes…

En casi todo el mundo, la gente toma leche producida por las hembras de sus ganados.

¿Y la leche de soya? ¡Esa es otra historia! Sí, es una bebida blanca que puede remplazar la leche de vaca, pero proviene de una planta, ¡no de un animal!

La leche contiene proteínas, azúcares, grasas y... ¡90% de agua! También contiene calcio.

El porcentaje de materia grasa se indica en las botellas y recipientes con distintas formas y colores para diferenciar la leche entera, la semidescremada y la descremada.

La leche «ultra alta temperatura» (UAT), se calienta unos segundos a 140°C antes de embotellarla. Se conserva por 90 días.

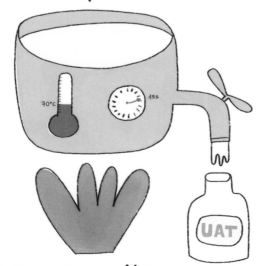

Para esterilizar la leche, primero se embotella y luego se calienta a 115°C durante 15 a 20 minutos. El proceso le da un ligero sabor a «cocida». ¡Pero así se conserva por 150 días!

La leche UAT y la leche esterilizada se venden a temperatura ambiente.

Pasteurizada: la leche se calienta a 72 °C por 20 segundos. Tiene un sabor natural y se conserva por 7 días a 4 °C.

pasteurizada

Microfiltrada: la crema se separa y pasteuriza a 90°C, mientras la leche pasa por varios filtros. Crema y leche se mezclan de nuevo. Se conserva 15 días sin abrirse.

microfiltrada

La leche cruda no se comercializa fuera del campo o de los circuitos cortos. Siempre entera, se embotella en la granja. Se conserva 72 horas en el refrigerador.

¿Y los logos o sellos? Hay muchos tipos de certificados que informan de la calidad y características de la leche, o bien de la distancia entre la productora y el supermercado.

Idealmente, las etiquetas deben informan sobre la alimentación de las vacas, si consumen alimentos frescos cultivados sin pesticidas o abonos químicos.

En algunos lugares el uso de productos genéticamente modificados está prohibido.

yo sé lo que como

Muchas cosas buenas se originan en la naturaleza
y terminan en nuestros platos.
¿De dónde vienen? ¿Por dónde pasan?
¿Cómo podemos disfrutar los mejores productos?
Descúbrelo con los libros de esta sabrosa colección:

*El Azúcar,* por Michel Francesconi
*La Leche,* por Françoise Laurent
*El Pan,* por Françoise Laurent
*Los Huevos,* por Philippe Simon
Todos ilustrados por Nicolas Gouny